D0744530

NIVEL

Ciudades de hormigas

Escrito e ilustrado por Arthur Dorros

Traducido por Daniel Santacruz

rayo

Una rama de HarperCollins*Publishers*

A Irene Dorros

La serie *Aprende y descubre la ciencia* fue concebida por el Dr. Franklyn M. Branley,
Astrónomo Emérito y Ex-presidente del America Museum-Hayden Planetarium.
Por un tiempo, la serie fue co-editada por el Dr. Branley y la Dra. Roma Gans,
Profesora Emérita de Educación Infantil de Teachers College, Columbia University.
El texto y las ilustraciones de cada uno de los libros de esta serie son cuidadosamente
revisados por expertos en la materia. Para recibir información, diríjase a:
HarperCollins Children's Books, a division of HarperCollins Publishers,
1350 Avenue of the Americas, New York, NY 10019, or visite el siguiente Sitio Web:
http://www.letsreadandfindout.com.

HarperCollins®, ♣®, Aprende y descubre la ciencia®, y Rayo®
son marcas registradas de HarperCollins Publishers.
Ciudades de hormigas
Texto e ilustraciones © 1987 por Arthur Dorros
Traducido por Daniel Santacruz
Traducción © 1995 por HarperCollins Publishers
Todos los derechos reservados. Elaborado en China. Se prohíbe reproducir, almacenar,
o transmitir cualquier parte de este libro en manera alguna ni por ningún medio sin previo
permiso escrito, excepto en el caso de citas cortas para críticas. Para recibir información,
diríjase a: HarperCollins Children's Books, a division of HarperCollins Publishers,
1350 Avenue of the Americas, New York, NY 10019.

Library of Congress ha catalogado esta edición.
ISBN-10: 0-06-088715-X (pbk.) — ISBN-13: 978-0-06-088715-5 (pbk.)

1 2 3 4 5 6 7 8 9 10
❖
La primera edición de este libro fue publicada por HarperCollins Publishers en 1995.

Ciudades de hormigas

¿Has visto hormigas correr apresuradamente por un montículo de tierra?

Parece que están corriendo de un lado al otro, sin rumbo fijo. Pero, en realidad, ese montículo es su vivienda. Las hormigas lo construyeron, y cada una de ellas tiene que realizar una tarea en él.

Algunas de las hormigas pueden
desaparecer por un hoyo pequeño en
el montículo. Ese hoyo es la entrada
al hormiguero.

Éstas son las hormigas cosechadoras. Su hormiguero está formado por muchas cámaras y túneles. Estos insectos pequeñitos los construyeron todos.

Cuando hace sol, la superficie del hormiguero se calienta.

Cuando llueve, el agua corre por el montículo.

Si la superficie del hormiguero se humedece mucho, las hormigas se trasladan más abajo.

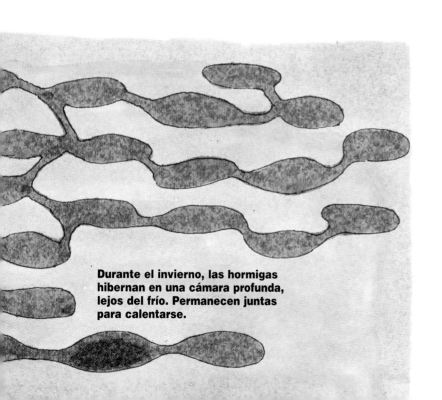

Durante el invierno, las hormigas hibernan en una cámara profunda, lejos del frío. Permanecen juntas para calentarse.

Es posible encontrar millas de túneles y cientos de cámaras bajo tierra. Miles de patitas de hormiga han suavizado el suelo. El hormiguero es oscuro pero acogedor.

En las cámaras del hormiguero, las obreras realizan varias tareas. El hormiguero es como una ciudad, una ciudad de hormigas muy activa.

Algunas hormigas transportan la comida a la ciudad. A las hormigas cosechadoras les gustan las semillas.

Mientras una hormiga rompe las cáscaras de las semillas, otra las saca y las echa fuera.

Las hormigas trituran las semillas para extraerles el jugo y luego alimentar a las otras hormigas con él.

Otras hormigas almacenan las semillas para que les sirvan de alimento en otra ocasión.

No todas las clases de hormiga almacenan comida. Pero las cosechadoras sí lo hacen.

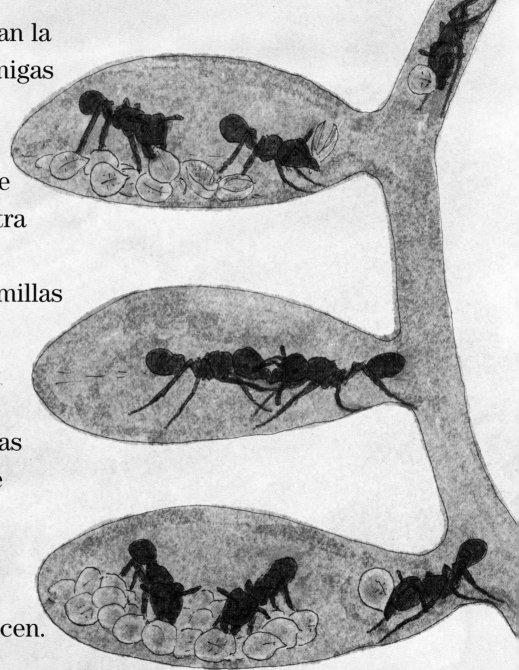

11

En una cámara del hormiguero, la reina pone huevos. Las obreras trasladan los huevos a otras cámaras para cuidar de ellos.

Cada ciudad debe tener al menos una reina. La ciudad no podría existir sin una reina. Todas las hormigas de la ciudad nacen de los huevos que pone la reina.

Al principio, los diminutos huevos se convierten en larvas. Las obreras les dan de comer a las larvas y las lamen para que crezcan limpias y saludables.

Luego, las larvas se transforman en ninfas. Las obreras cuidan a las ninfas hasta que se convierten en hormigas adultas.

La reina pone miles y miles de huevos. La mayoría de ellos se convierten en hormigas obreras. Puede haber sólo una reina en la ciudad, pero probablemente habrán miles de obreras.

Reina

Generalmente, la reina es más grande que las otras hormigas. Los huevos que pone se transforman en:

Obreras

Las obreras son todas hembras. Hacen todo el trabajo en la ciudad y son capaces de pelear para proteger el hormiguero.

Nuevas Reinas

Las nuevas reinas tienen alas que les sirven para volar lejos y crear nuevas ciudades. Después que sus alas caen, ponen huevos.

Machos

Los machos no viven mucho tiempo en el hormiguero. Vuelan lejos con las reinas para procrear y luego mueren.

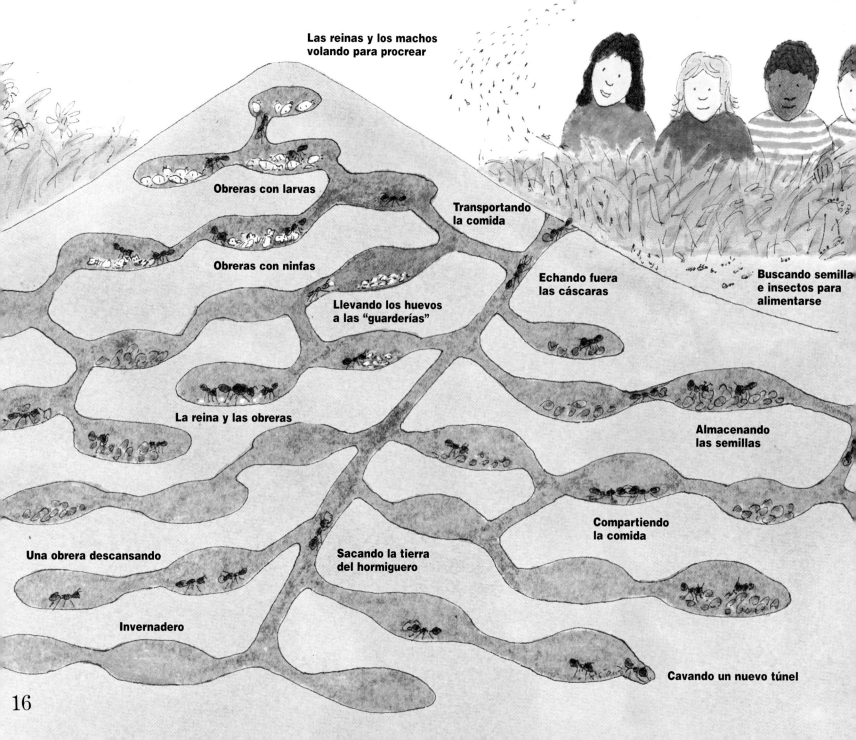

Las reinas y los machos
volando para procrear

Obreras con larvas

Transportando
la comida

Obreras con ninfas

Echando fuera
las cáscaras

Buscando semilla
e insectos para
alimentarse

Llevando los huevos
a las "guarderías"

La reina y las obreras

Almacenando
las semillas

Compartiendo
la comida

Una obrera descansando

Sacando la tierra
del hormiguero

Invernadero

Cavando un nuevo túnel

16

La reina no les da órdenes a las obreras. Pero las obreras se mantienen ocupadas pues cada una sabe que tiene una tarea que realizar. Las hormigas trabajan juntas para mantener la ciudad en marcha.

Para ampliar el hormiguero, las obreras cavan nuevas cámaras y túneles con las patas, como si fueran perros diminutos. Las obreras recogen la tierra con sus mandíbulas y "barbas" y la transportan fuera.

Los montículos de las hormigas cosechadoras pueden medir hasta dos pies de alto y seis de ancho. Otras clases de hormigas construyen montículos más pequeños.

El montículo se forma con la tierra que han cavado. Las hormigas son expertas cavadoras y constructoras. ¡Imagínate la cantidad de tierra que se necesita para construir un montículo de dos pies de alto!

Las obreras buscan comida en los alrededores del hormiguero. Su alimento consiste principalmente de semillas, pero a veces comen insectos también.

Las hormigas pueden morder y picar a otros insectos para capturarlos o para defenderse. Cuidado: si molestas su hormiguero, algunas hormigas pueden morderte o picarte a ti también.

Antenas

Peine en las patas para limpiar las antenas

Las hormigas usan sus antenas para buscar comida. También les sirven para tocar y oler.

Limpiándose las antenas

Las hormigas "hablan" tocándose las antenas

Si una hormiga encuentra comida, otras la siguen. En pocos momentos aparecerán muchas más y cada una se llevará un bocado.

Si una hormiga no puede cargar algo, las otras la ayudarán. Pero las obreras son fuertes. Cada una puede levantar un peso equivalente a cincuenta veces el de su propio cuerpo. ¡Si los seres humanos tuviéramos esa fuerza, podríamos levantar un automóvil!

Las obreras llevan la comida
a la ciudad.
Allí comparten la comida que
encuentran.

Las hormigas comen varias clases de alimentos, según su variedad. Hay más de 10.000 variedades de hormigas.

Las hormigas formícidas se alimentan del jugo que extraen de los insectos que matan.

A las hormigas de los maizales les gustan los jugos dulces o los de los áfidos. Los áfidos chupan el jugo de las plantas y las hormigas el de éstos.

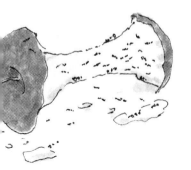

A las hormigas carpinteras les gusta el jugo dulce de los insectos y de las plantas.

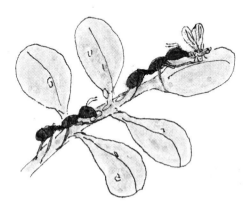

Las hormigas ladronas se alimentan de comida dulce y de otros alimentos que encuentran a su paso.

Las hormigas cortadoras de hojas construyen jardines subterráneos con las hojas que cortan, y cultivan hongos en los jardines para alimentarse.

Las hormigas legionarias viajan en grandes grupos, como ejércitos, y devoran un gran número de insectos, incluyendo las termitas.

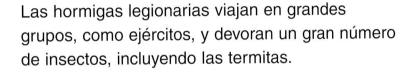

Las diferentes clases de hormigas construyen sus ciudades de diversas maneras, lo que les permite vivir en varios sitios diferentes.

Las hormigas porteras hacen sus hormigueros en ramas huecas. Cierta clase de hormigas obreras, que son soldados y porteras a la vez, tienen la cabeza grande, en forma de enchufe, que les sirve para guardar la entrada del hormiguero.

Entrada al hormiguero de las hormigas porteras.

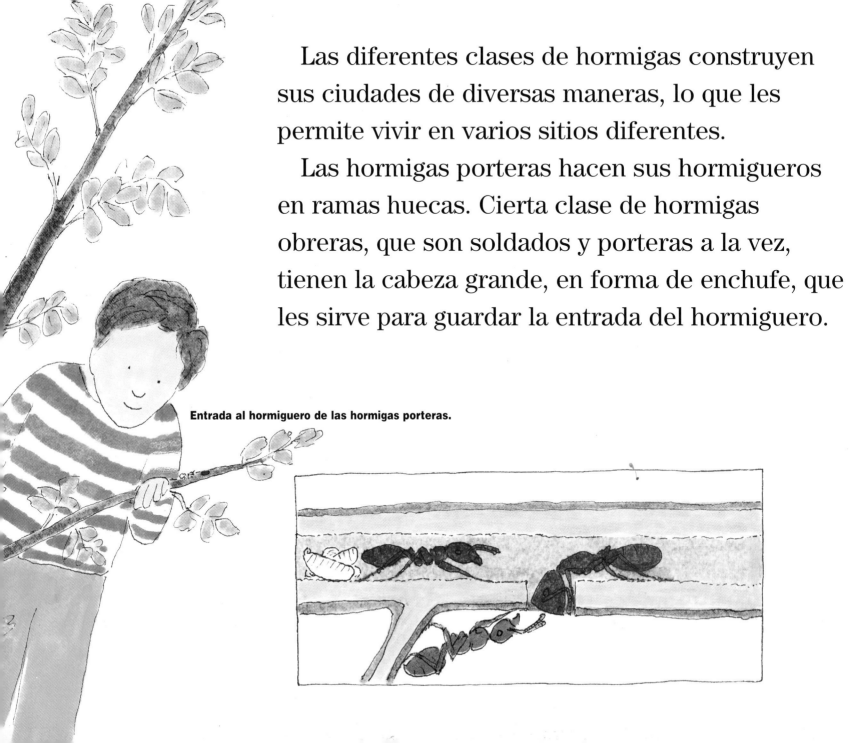

Muchas clases de hormigas construyen hormigueros o pequeños montículos. Si no has visto los hormigueros de las cosechadoras, tal vez hayas visto el de las formícidas. Estos tienen una cumbre redonda. A veces los cubren con bálago.

Hormiga formícida

Las hormigas del pavimento son pequeñitas: miden ⅛ de pulgada. Las cosechadoras miden más o menos ¼ de pulgada. Algunas hormigas llegan a medir hasta 2 pulgadas de largo.

O quizás hayas visto las hormigas del pavimento,
que pueden vivir debajo de las aceras.

O las hormigas carpinteras, que construyen
sus hormigueros en madera podrida.

Hay ciudades pequeñas con pocas hormigas y ciudades grandes con muchas, muchas hormigas. Estos insectos pueden vivir en lo más alto de los rascacielos y en barcos, en alta mar.

Las hormigas pueden construir sus ciudades en casi todas partes. Mira a tu alrededor y seguramente encontrarás una ciudad de hormigas muy activa.

Aprende más sobre las ciudades de hormigas

Si quieres observar de cerca las hormigas, trata de crear una colonia. Tú puedes atraparlas, con cuidado. Si quieres que la colonia dure por mucho tiempo, debes conseguir una reina.

Frasco para atraparlas

Debes tener cuidado cuando atrapes cualquier clase de hormiga. Algunas pueden morderte o picarte.

Llénalo hasta aquí

Tapa del frasco con agujeros

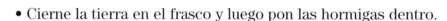

- Cierne la tierra en el frasco y luego pon las hormigas dentro.
- Coloca un pedazo de esponja húmeda en el frasco para que tengan qué beber. Si pones agua directamente en el frasco, se pueden ahogar.
- Echa *un poco* de comida en el frasco. Demasiada comida o cosas a las que no están acostumbradas no es bueno para ellas. Recuerda: a algunas hormigas les gustan las semillas, a otras los insectos y a otras las cosas dulces. Trata de ver lo que comen cuando las atrapes.
- Ahora tienes tu colonia.
- Mantén la colonia en un lugar oscuro, como si estuviera debajo de la tierra. Coloca el frasco en un lugar claro para observarla.

Tal vez quieras hacer o comprar una colonia así. ⟶

Tapa con agujeros

Esponja **Comida**

Tierra entre do: pedazos de vidi o plástico

Cinta **Red metáli**